LA ASAMBLEA
EN EDUCACIÓN INFANTIL

CÓMO DESARROLLAR LA PARTICIPACIÓN ACTIVA EN EL SEGUNDO CICLO

TANIA MARÍN

saralejandria
ediciones

©

De la presente edición:
Grupo Sar Alejandría S.L

Del texto
Tania Marín Morales

Edita:
Saralejandría Ediciones

Diseño de edición:
Elena Torres Andrés

ISBN: 978-84-10105-44-7
Depósito Legal: CS 610-2024

"Nunca dejes de creer en el niño que fuiste, porque él es quien te guiará hacia la magia y la alegría en la vida adulta."

INDICE

INTRODUCCIÓN

La primera vez que entré en un aula de educación infantil para trabajar como interina, no sabía por dónde empezar. Había 27 pares de ojos mirándome, esperando a que yo dijese algo. Ahora echo la vista atrás y me hace gracia, han pasado 10 años y parece que aquella era otra persona.

Estudié magisterio de Educación infantil y Psicopedagogía y después hice un máster en diseños de investigación en psicología y salud. Mientras estudiaba inglés, me presenté varias veces al proceso de concurso-oposición de maestros y finalmente conseguí mi plaza en 2019.

Elegí esta profesión porque es un trabajo que permite mejorar la sociedad, con las generaciones futuras. En esta profesión nunca dejas de sorprenderte y no hay dos días iguales. Los niños son entusiastas innatos, siempre tienen energía, vitalidad, ilusión y eso se transmite. Ir a un trabajo donde se respira este ambiente es un regalo.

"Elige un trabajo que te guste y no tendrás que trabajar ni un día en tu vida." Confucio.

En todo este tiempo he estado en varias aulas del segundo ciclo de educación infantil y también estuve un curso en un centro de menores y en aulas de Kindergarten en Estados Unidos, donde trabajé tres años como profesora visitante con el programa del ministerio y fue una experiencia increíble, muy enriquecedora que me enseñó a valorar el modo de trabajar en nuestro país y donde conocí infinidad de recursos y a gestionar mejor los tiempos.

A lo largo de todo este bagaje, puedo afirmar que todos estos lugares tienen en común: a todos los niños y las niñas (da igual edad, o lugar de donde sean), les gusta ser escuchados, valorados y sentirse protagonistas. Esto me ha hecho aprender a ver la educación desde otra perspectiva, no desde el que enseña, sino desde el que aprende, ponerme a su altura y atender a sus intereses, necesidades y motivaciones.

También, he aprendido de compañeras, que ahora son amigas, de formaciones, cursos y ponencias, porque como maestros nunca debemos dejar de formarnos, aprender e innovar. Actualmente, las redes sociales pueden servir como fuente de inspiración, ya que son un punto de encuentro para los que nos dedicamos a esta profesión que nos permite compartir ideas y enriquecernos, conectar más allá de tu centro.

La experiencia es un grado y qué razón tiene esta frase. Gracias a mi experiencia he podido elaborar este libro, porque a través de ella he aprendido de los errores, he probado cosas que no funcionaban y las he cambiado. También he creado distintos materiales, adaptándome a las características de cada grupo que he tenido, y todo este proceso lo resumo aquí. He intentado mostrar de forma práctica y visual como sacar el máximo partido a la asamblea infantil, que es una rutina diaria en la que los niños y niñas son los protagonistas activos de ese momento y que debemos aprovechar para trabajar los contenidos propuestos de forma lúdica, dinámica y divertida.

A través de las actividades propuestas en este libro os doy la bienvenida a mi rinconcito de Asamblea en el aula de educación infantil en la que cada mañana comenzamos con alegría cantando y saludándonos para planificar el día y afrontarlo con energía y buen humor, preparados para aprender, investigar y poner en práctica nuestros conocimientos.

¿QUÉ ES LA ASAMBLEA?

La asamblea se define como una reunión entre miembros de una colectividad para deliberar sobre asuntos propios. En el ámbito de la Educación Infantil es la actividad más importante en el quehacer diario de un aula. Es un momento de encuentro rutinario entre la maestra y sus alumnos, promueve la socialización del grupo creando un vínculo afectivo y unas señas de identidad, sentido de pertenencia al grupo, además, del fomento al desarrollo lingüístico de la etapa. Tiene sus orígenes en las técnicas pedagógicas de Celestine Freinet. Supone un tiempo de reunión, donde se comparten ideas, pensamientos, emociones, se organiza el día y las rutinas diarias del aula: pasar lista, poner la fecha, ver el tiempo atmosférico y un largo etcétera. Además, la asamblea es el lugar idóneo para plantear actividades relacionadas con el entorno, el lenguaje, las matemáticas o la música, que nos va a permitir despertar la curiosidad y el interés innato de nuestros alumnos/as y conectarlo con su visión del mundo, siguiendo la teoría del andamiaje de Bruner partiendo de sus conocimientos previos, ampliándolos y conectándolos con su entorno más cercano.

Actualmente la vida cotidiana está orientada, cada vez más, a trabajar de forma colaborativa con otras personas. Formar parte de un equipo aporta a los niños/as unas pautas que le ayudarán a su interacción social en otros ámbitos de su vida, porque cuando colaboran y cooperan juntos ponen en práctica destrezas como la escucha activa, el diálogo, la resolución de conflictos...

Permite trabajar todas las áreas del currículo:

◆ **Crecimiento en armonía:** progresivo control de sí mismos, construyendo una identidad y sentido de pertenencia a un grupo de referencia, establecen relaciones afectivas con sus iguales, todo ello en un ambiente estimulante de seguridad, calma y tranquilidad. La asamblea establece interacciones sociales en situaciones de igualdad, resaltando la importancia del respeto, la empatía, la amistad, que ayudan a construir su propia identidad sobre valores democráticos y respeto a los derechos humanos. Se adquieren hábitos y normas de convivencia social, desarrollando confianza en sus posibilidades y logros personales.

◆ **Descubrimiento y exploración del entorno:** orientado al desarrollo del pensamiento y estrategias cognitivas. Potenciando la curiosidad innata infantil hacia el descubrimiento del entorno natural y social del que están rodeados. Facilitando la manipulación de objetos a su alcance es por ello importante que todos los materiales sean manipulativos y adaptados a sus necesidades. Se potencia la observación y análisis de los fenómenos atmosféricos, desarrollo de habilidades lógico-matemáticas para descubrir y crear una idea más compleja y completa del mundo que les rodea.

◆ **Comunicación y representación de la realidad:** utilizando diferentes formas de expresión y comunicación que favorezcan al desarrollo integral del alumnado en un contexto significativo. También se utilizan expresiones corporales y gestuales. La expresión oral es la clave para la comunicación, la expresión de vivencias, sentimientos, ideas, además de la regulación de la conducta. Enriqueciéndose con un ambiente estimulador que comprenda todos los lenguajes posibles, en un contexto de interacción entre iguales y con el adulto. Desarrollando actitudes positivas hacia el repertorio lingüístico personal como el de los demás, que a lo largo de esta etapa se irá enriqueciendo considerablemente. Por lo tanto, en esta área vamos a llevar a la práctica tanto la comprensión como la expresión de varios lenguajes (oral, escrito, musical...).

La asamblea se lleva a cabo en el mejor momento del día, lo que permite trabajar los contenidos, porque a primera hora es cuando el alumnado está más receptivo, motivado y despierto. Estos son algunos de los beneficios:

◆ **Expresión oral,** ayuda a hablar en público, trabajar las normas básicas de la comunicación verbal (escuchar, hablar, respetar el turno de palabra, hacer preguntas...), además adquieren vocabulario, aprenden retahílas, refranes, poemas...

◆ **Social, a través de la interacción entre iguales** en un ambiente de confianza, compañerismo, donde se intercambian pensamientos, propuestas, inquietudes... Es un buen escenario para la resolución de conflictos.

◆ **Habilidades lógico-matemáticas** relacionadas con el entorno natural, el conteo, asociación de número a cantidad...

◆ **Establece vínculos afectivos y emocionales** creando una identidad de grupo-clase y sentido de pertenencia, mejorando de este modo la autoestima y el autoconcepto de sí mismo.

◆ **A nivel cognitivo** mejoran los procesos cognitivos básicos: atención, percepción, memoria...

Aunque no sé describen de forma implícita, existen una infinidad de valores asociados que se trabajan en la práctica de la asamblea, valores como: respeto mutuo e interés por el otro, empatía, aceptación de cada uno tal como es, compañerismo, clima de confianza, sentimiento de pertenencia a un grupo y celebración conjunta de los esfuerzos. Fomentando la cooperación por encima de la competencia y lograr que los niños y niñas que tienen distintos ritmos de aprendizaje puedan aprender a la vez.

El modelo de asamblea que yo defiendo está basado en la teoría de las Inteligencias múltiples de Howard Gardner, el cual defiende que la inteligencia humana se divide en 8 habilidades básicas:

- **Lingüística:** está relacionada con la capacidad de usar el lenguaje de forma adecuada y sus unidades mínimas: palabras, sílabas, fonemas. Habilidad para contar historias, rimas, adivinanzas, trabalenguas...

- **Lógico-Matemática:** se asocia a la habilidad para la resolución de problemas, cálculo mental, clasificación, seriación...

- **Cinética corporal:** engloba lo referente al control postural del cuerpo, tono, equilibrio o coordinación.

- **Musical:** capacidad para poder seguir ritmos, percibir el tono, timbre e intensidad de los sonidos, seguir melodías...

- **Interpersonal:** destaca en aquellas personas que son sociables, con don de gentes, empáticas, con capacidad para la resolución de conflictos, dialogantes...

- **Intrapersonal:** desarrolla aspectos relacionados con el autocontrol, autoestima y autoconocimiento, con reflexión y pensamiento crítico.

- **Naturalista:** capacidad de clasificación, observación y análisis de la naturaleza y su entorno, los fenómenos atmosféricos, las plantas, los animales...

◆ **Visual espacial:** esta inteligencia destaca por una buena orientación espacial, lectura de mapas, capacidad para representar ideas gráficamente, las formas, el esquema corporal...

La llevaremos a cabo estableciendo una serie de rutinas muy marcadas que den confianza y seguridad al niño/a. Esto le va a ayudar a poder seguir el funcionamiento de la asamblea de forma autónoma y a sentirse capaces, todo estará señalizado para que pueda anticipar lo que sucederá a continuación.

Hoy en día con el uso de las pizarras digitales existe la posibilidad de realizar una asamblea digitalizada, sin embargo, yo prefiero el formato analógico, porque ayuda a mantener la atención evitando distracciones, los niños/as pueden interactuar más, tiene materiales tangibles, palpables y quedan de forma permanente en el espacio, sirviendo como referente en distintos momentos de la jornada. Si utilizamos el formato digital cuando hagamos uso de la pizarra digital desaparece lo que hemos estado haciendo en la asamblea. En cambio, en el formato tradicional, si queremos escribir la fecha tendremos el referente en el tablón, si queremos saber que vamos a hacer después miraremos el horario.

El principal momento de la asamblea es a primera hora de la mañana, sin embargo, eso no quiere decir que a lo largo de la jornada haya momentos en los que podemos volver a reunirnos en gran grupo en la alfombra, como antes del desayuno, después del patio o antes de irnos a casa. Estás situaciones suponen de nuevo un encuentro entre los miembros del grupo en las que podemos poner en práctica las actividades propuestas, o dialogar para resolver conflictos.

Por ejemplo, podemos hacer las actividades de mindfulness después del patio, lo cual nos servirá de relajación y vuelta a la calma para, a continuación, poder dialogar sobre lo sucedido en el patio y si ha habido algún conflicto aprovechar este momento para resolverlo. O podemos dedicar el momento antes del desayuno para poner en práctica algunas de las actividades de lectoescritura, que son juegos breves que no suponen más de diez minutos. Esto nos ayudará a cambiar de postura, si hemos estado sentados en las sillas, trabajando en la mesa, hacemos un cambio, vamos a la alfombra, jugamos en gran grupo y preparamos las rutinas previas al desayuno. Por este motivo, a lo largo de una jornada escolar puede haber varios momentos de asamblea con distintos propósitos.

Debemos recordar que los niños aprenden por imitación y nosotros somos un modelo cercano, por lo que el papel de la maestra debe ser de guía, facilitadora de conocimiento pero al margen, dejando al niño/a ser protagonista activo de su aprendizaje. Promoviendo la empatía y la escucha activa. Además, durante la asamblea es recomendable estar sentada con los niños y las niñas en la misma alfombra, para ser uno más de ese momento, no estar al margen dirigiendo.

Aunque en ocasiones, me gusta abstraerme y ver la asamblea desde fuera, en ese momento, les dejo hacer, para ver si son capaces de seguir de forma autónoma la rutina establecida, o ver como cuando algún niño no sabe cómo seguir o que hay que hacer y enseguida sale algún voluntario que le ayuda y le explica.

CARACTERÍSTICAS PSICOEVOLUTIVAS DE LOS NIÑOS/AS DE 3 A 6 AÑOS

Para poder planificar una asamblea adaptada a nuestros alumnos es necesario conocer el nivel madurativo y de desarrollo en cada una de las edades que tendremos en nuestra aula, a continuación, presento un breve resumen de sus capacidades:

Según la definición de Jean Piaget, los niños del segundo ciclo de educación infantil se encuentran en estadio preoperacional que comprende de los 2 a los 6 años. Se caracterizan por ser capaces de operar mentalmente con sencillas representaciones de la realidad con cierta rigidez de pensamiento, para ir evolucionando hasta la aparición de la intuición que servirá como guía de sus acciones y ayudará a que el egocentrismo vaya desapareciendo haciendo que el razonamiento sea más flexible.

3 AÑOS

Desarrollo motor: Adquiere mayor seguridad en sus movimientos y controla la dirección e intensidad de la carrera.

Motricidad fina: es capaz de trazar líneas verticales, pinta con los dedos, dibuja figuras circulares y comienza a recortar con las tijeras.

Social: sus relaciones sociales se amplifican en la escuela, sin embargo, aunque sigue latente el egocentrismo, por lo que, el niño ha descubierto su yo y necesita reafirmarlo, se opone a los demás con desobediencia y terquedad. Presentan el monólogo colectivo en el que juegan juntos, pero no interactúan.

Lenguaje: se hace entender ante extraños, le cuesta dar explicaciones de sus actos si el interlocutor no ha participado, aparecen las primeras oraciones formadas por sujeto-verbo-complemento. El lenguaje es egocéntrico, predomina el pronombre yo. Aparecen conjugaciones verbales que se aplican a todos los verbos como si fueran regulares.

4 AÑOS

Desarrollo motor: entran en la "edad de gracia", aumenta su fuerza, resistencia y coordinación de movimiento.

Motricidad fina: dibuja combinaciones de líneas rectas y curvas, aparecen las primeras letras rudimentarias y recorta con soltura.

Social: amplifica sus relaciones sociales y establece relaciones emocionales con los iguales y otros adultos. El apego se va transformando en dependencia emocional hacia el adulto. Los niños de esta edad prefieren compañeros de juego de su mismo género, son sensibles a la presencia de otros y hay disputas entre ellos.

Lenguaje: aparece un lenguaje más socializado, comienzan a usar oraciones coordinadas con la conjunción y empieza a regular el pasado.

5 AÑOS

Desarrollo motor: periodo de madurez y estabilidad, adquieren mayor control y precisión en sus movimientos.

Motricidad fina: adquiere el dominio del gesto gráfico.

Social: comienza a imitar las características de las personas que admira para ganarse su afecto y aprobación. Comienza a elegir a sus compañeros de juego y a jugar jun-

tos siguiendo unas reglas, manifiestan conductas de cooperación, jugando en pequeños grupos de tres o cuatro personas.

Lenguaje: incrementan su vocabulario, son capaces de comprender y expresar de forma descontextualizada. Aparecen frases subordinadas, utiliza pronombres y terminaciones de género y número.

APLICACIÓN EN CASA

Aunque la asamblea parece un aspecto académico y curricular podemos extraer actividades para aplicar en casa, fomentando la autonomía y estimulando el desarrollo lingüístico, cognitivo y socioafectivo de nuestros hijos. Implementar este tipo de actividades en casa ayuda a fortalecer los lazos familiares.

CALENDARIO

Algo tan simple como un calendario de los que dan en los establecimientos a principios de año puede ser un gran recurso para desarrollar el lenguaje y el pensamiento matemático de tu hijo. Te explico como:

Esta es una actividad que podemos realizar en casa. Utilizaremos un calendario grande y lo ubicamos en un lugar accesible para el niño/a donde cada mañana antes de ir al colegio podemos ver qué día de la semana es, rodearlo, contar los días que faltan para las vacaciones o para el cumpleaños de algún familiar. Viendo el día de la semana que es, cogeremos el desayuno correspondiente para el colegio, elegiremos la ropa adecuada (si tenemos psicomotricidad, tenemos que llevar zapatillas…). También, podemos hablar de la estación en la que estamos y la ropa que es adecuada para ella, si estamos en invierno no podemos llevar chanclas al colegio.

CAMINO AL COLEGIO

Si tenemos la suerte de poder llevar a nuestros hijos al colegio, ya sea andando o en el coche podemos utilizar ese trayecto para conversar con ellos (similar a la actividad del micrófono que realizamos en clase), preguntarles qué van a hacer en el colegio, con quien les apetece jugar… Si el trayecto es en coche es un momento idóneo para escuchar música, cantar juntos y podéis crear un playlist de camino al colegio donde pongáis las canciones que más os gustan para empezar con alegría el día.

LISTA DE LA COMPRA

Tan sencillo como coger un folleto de ofertas de cualquier supermercado y unas tijeras. Con estos dos elementos podemos trabajar la motricidad fina, atención, coordinación, habilidades lógico-matemáticas y lectoescritura. El niño/a tendrá que buscar lo que necesitamos y recortarlo, pegarlo en un papel y anotar la cantidad de cada cosa que necesitamos. Si ya está iniciado en la lectoescritura podrá escribir el nombre al lado del producto que necesita y cuando vayamos al supermercado llevaremos la lista de la compra que hemos elaborado.

MINDFULNESS

Antes de irse a dormir podemos dedicar 2 o 3 minutos a esta práctica y se pueden poner en práctica las mismas actividades que en clase: escuchar sonidos de la naturaleza, acariciar la espalda, hacer respiraciones guiadas... También podemos aprovechar este momento para contarnos algo bonito que nos haya pasado durante el día. Esto ayudará a relajarse y conciliar mejor el sueño.

CUENTO

De todos es bien sabido que el cuento es el recurso por excelencia, ayuda a mejorar el lenguaje, desarrolla la creatividad y la imaginación, fomenta el gusto y afición por la lectura y es un buen apoyo para vencer miedos o conflictos internos que el niño no es capaz de verbalizar.

Por todos estos motivos, debemos establecer un momento en el día, o al menos a la semana, para leer cuentos juntos. A los niños/as les encantan que les lean cuentos, se quedan hipnotizados, crea un vínculo afectivo y refuerza las bases de la confianza mutua entre padres e hijos. Podemos leer solo por el placer de disfrutar de la historia, o podemos dialogar sobre los personajes, el ambiente, inventarnos un final alternativo o incluso crear alguna manualidad a partir del cuento.

PREPARACIÓN

La preparación para una asamblea en educación infantil requiere de una planificación cuidadosa para garantizar que sea una experiencia enriquecedora y educativa para los niños. Debemos tener en cuenta aspectos como el tiempo y el espacio. Crear un ambiente acogedor donde los niños se sientan cómodos y seguros con una decoración atractiva, utiliza colores que motiven a los niños, con carteles o elementos visuales relacionados con el tema.

DURACIÓN

La duración es aproximada, depende de factores como el estado en el que se encuentran los niños/as, si están nerviosos, cansados, o motivados... En cuestión de cómo estén ellos podremos alargar o acortar el tiempo de asamblea.

De nada sirve programar una asamblea con un montón de actividades para trabajar todos los contenidos posibles, si los niños/as no están participando o mostrando interés.

Al principio, en el primer nivel de 3 años, la duración no será más de 30 minutos, porque aún no tienen el hábito de permanecer tanto tiempo sentados, sus períodos de atención son breves, y digo 30 minutos, contando con cambios de actividades frecuentes como cantar alguna canción, hacer algún ritmo corporal (como palmadas, o palmas en las piernas), pasar lista, poner la fecha y poco más.

En cambio, a lo largo del curso en este primer nivel, los alumnos/as van madurando y habrán adquirido un hábito de escucha, de permanecer sentados y participar en este tipo de actividades por lo que la asamblea podrá durar unos 45 minutos aproximadamente.

En 4 años, a los niños/as les gusta participar, disfrutan aprendiendo cosas nuevas y se pueden ir introduciendo muchos más contenidos para ser trabajados en este momento de asamblea. Al igual que en 5 años donde, bajo mi punto de vista, es el mejor momento del día para transmitir conceptos nuevos que se quieran enseñar, por lo que será conveniente, en la medida de que los alumnos/as estén atentos y partícipes, alargar la asamblea lo máximo que le horario lo permita, 60 o 70 minutos.

En ocasiones me gusta utilizar un cronómetro cuando después de la asamblea tienen inglés, o psicomotricidad y tenemos que terminar en un tiempo limitado. El cronómetro que uso tiene

dos tiempos, el de finalizar la actividad que aparece una luz roja y pita y otro que programo unos 5 minutos antes con una luz amarilla que avisa de que queda poco tiempo. Yo les digo que cuando se ponga la luz roja va a venir la profe de inglés o de lo que sea que toque. Esto les ayuda a estar más concentrados porque saben que los encargados tienen que realizar sus funciones en el tiempo establecido y no pueden entretenerse.

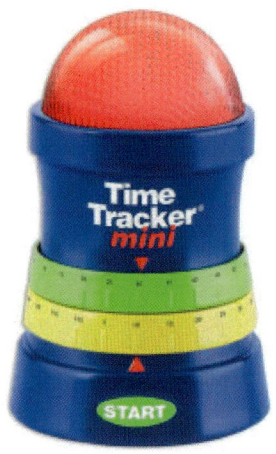

¿CÓMO EMPEZAMOS?/ PUESTA EN MARCHA

Normalmente, cuando los niños/as llegan a clase por la mañana les recibo en clase y les saludo de acuerdo con como ellos prefieren (tenemos un cartel en la puerta con varios tipos de saludos y elijen el que más les guste). Esta es una manera de mostrar pertenencia al grupo, respeto, aceptación y sentirse bienvenidos.

Después se dirigen a su sitio, bajan la silla, colocan la mochila y el abrigo y se sientan a esperar que estemos todos (en este momento les recuerdo que pueden ir al baño antes de que empiece la asamblea).

Mientras tanto, el acomodador (encargado de bajar las sillas), baja las sillas de los amigos/as que no hayan venido ese día y el encargado de la jardinería riega las plantas.

Una vez que hemos realizado estas funciones, toco los cascabeles (es el sonido que tenemos establecido para ir a la asamblea) y utilizamos uno de nuestros canticos para reunirnos en la alfombra.

LLAMADAS

Son cantinelas breves que podemos utilizar para ir a la asamblea o para cualquier otra rutina del aula. Llamar a los niños para que participen en la asamblea de una manera atractiva y ordenada puede marcar la diferencia en la dinámica del grupo. Crean identidad de grupo y sentido de pertenencia. Estas estrategias pueden hacer que el momento de reunión sea algo que los niños esperan con interés y emoción, facilitando una transición ordenada hacia la asamblea. Estos son algunos ejemplos que podemos usar:

◆ "Ea ea, vamos a la asamblea."

◆ "Como leones rugimos, al círculo venimos. Como pajaritos volamos, a la asamblea llegamos."

◆ "1, 2, 3, 4, vamos a hablar un rato."

◆ "Vamos todos a reunirnos, en el círculo a jugar, vamos todos a la asamblea, que ya va a comenzar."

◆ "Campanita suena ya, es la hora de empezar. Todos juntos a la alfombra, ven que vamos a charlar."

◆ También podemos acompañarlo del sonido de algún instrumento como los cascabeles, un triángulo, las claves, o crótalos.

POSTURA

Es muy importante tener conciencia de una adecuada postura desde edades tempranas. Es por ello, que, durante la asamblea, también podemos trabajar el control postural. Será necesario establecer una forma de sentarnos en la que estemos cómodos y no molestemos a los demás. Un círculo en el suelo o en semicírculo funcionan bien. Para ello, nos sentamos como los indios con las manos en las rodillas. Utilizamos este cartel que tenemos en la asamblea para que todos/as lo puedan ver. Al sentarnos así, evitamos que alguien pueda tropezarse cuando tiene que hacer alguna de sus funciones de encargado y andar por el espacio de la asamblea y prevenimos que puedan pisar alguna mano que no esté en las rodillas.

SENTADOS COMO LOS INDIOS

ENCARGADOS

Tradicionalmente la asamblea se lleva a cabo por el encargado del día, uno de los niños/as de la clase es el que tiene que pasar lista, poner la fecha, decir el tiempo... mientras el resto de la clase mira y, en ocasiones, se aburren.

Por lo que yo propongo un nuevo sistema en el que cada niño/a tiene asignada una tarea para realizar en el aula. Es importante que todos/as tengan una tarea. Este sistema de gestión del aula está basado en la teoría del autogobierno de Frei-

net, uno de los impulsores del pensamiento de la Escuela Nueva.

Esta modalidad de asamblea permite que los niños experimenten diferentes roles y responsabilidades, promoviendo la autonomía y desarrollando sus habilidades individuales. Las actividades están diseñadas para ser inclusivas y aprovechar las fortalezas de cada niño, creando un entorno en el que todos pueden contribuir y aprender de manera significativa.

No todos los encargados tienen su función durante la asamblea (porque si tenemos 20 alumnos/as y todos intervienen, la asamblea sería interminable). Por lo que estos encargados tendrán funciones a lo largo de la jornada. Estos son algunas de las funciones que podemos asignar durante la asamblea:

CALENDARIO

Es un elemento básico en la organización de una asamblea, ayuda a la concreción temporal, al conteo, identificación de números. concepto como anterior, posterior, ayer, hoy, mañana...

En tres años utilizamos un calendario convencional de pared que tenga los números grandes. Escribimos los días significativos que acontecen en ese mes: cumpleaños, excursiones, festivos... Cada día recordamos el mes en que estamos y tachamos el día anterior. También contamos los días que faltan para las vacaciones, o el cumpleaños de algún compañero/a de la clase.

En 5 años hacemos un calendario de elaboración propia que después servirá como propuesta del rincón de lógico-matemáticas para que cada alumno/a haga el suyo.

Hacemos hincapié en el mes que estamos y aprendemos un refrán relacionado y a qué estación pertenece y recitamos una poesía de la estación.

Además, como elemento complementario podemos tener un calendario de inspiración Waldorf, con el que de forma manipulativa pueden comprender mejor el paso del tiempo, ya que es un elemento pedagógico que permite la experimentación activa por parte del niño.

Encargado de pasar lista, utilizamos un material de elaboración propia relacionado con la temática de la clase o con el proyecto que estemos trabajando en ese momento. El niño/a encargado tiene que ir saludando a cada compañero/a, si ha venido a clase lo colocará en el colegio, si no ha venido lo pondrá en la casa. Después, cuenta cuántos niños/as no han venido y escribe el número en la pizarra. El instrumento que utilicemos para pasar lista puede estar diseñado sobre cualquier temática: si estamos viendo el espacio puede ser una nave espacial y un planeta, si son los piratas un barco y una isla, si es Egipto puede ser una pirámide y un barco en el Nilo. También podemos poner una casa y un edificio que simule el colegio. Lo que debe ser es manipulativo para los niños y atractivo.

En tres años pondremos la foto con el nombre, en el tercer trimestre podemos retirar la foto y poner solo el nombre.

En cinco años podemos poner nombre y apellido, introducir la minúscula. Es una actividad que ayuda a la lectura, la identificación del nombre de los compañeros, practicamos normas sociales y el conteo.

Después de realizar la actividad del calendario hay que poner la fecha, en tres años utilizamos tarjetas para ponerla. Para ello, contamos con las casitas de los días de la semana en la que cada día está representado con un color, sacamos al muñeco que vive dentro y buscamos en los carteles que tenemos con los días de la semana, con los mismos colores que los de las casitas, para que ayude a su identificación (sobre todo en 3 años), después buscarán el número que el encargado del calendario ha rodeado y buscará la tarjeta para ponerla junto al día, a continuación podremos la del mes en el que estamos y por último el año y todos juntos la leeremos en alto. A partir de cuatro pueden escribirla con un modelo y en cinco la escribirán solos o con un poco de ayuda.

Será el encargado de medir el tiempo atmosférico.

En tres años usamos un elemento para contabilizar el tiempo atmosférico elaborado con cuatro palos de madera. Cada día el encargado del tiempo inserta un aro de madera en el palo correspondiente, si está: soleado, nublado, lloviendo o nevando. Comparamos los aros que hay en cada palo, los contamos y vemos cómo va la previsión del tiempo en el mes que estamos.

En 4 años, cuando acaba el mes tenemos una hoja de registro con todos los meses donde vamos anotando los días que ha hecho sol, nubes, lluvia o nieve. De este modo, podemos comparar el tiempo de los meses.

En 5 años, además de todo lo anterior, se añade la temperatura. Para ello, utilizamos una pequeña estación meteorológica donde nos marca los grados del exterior (también podemos poner un termómetro en el patio) y vamos apuntando la temperatura en una gráfica. En el patio tenemos ubicado un pluviómetro y cuando llueve anotamos la cantidad haciendo un gráfico de barras.

	☀	☁	🌧	❄
SEPTIEMBRE				
OCTUBRE				
NOVIEMBRE				
DICIEMBRE				
ENERO				
FEBRERO				
MARZO				
ABRIL				
MAYO				
JUNIO				

Descargar la tabla de registro del tiempo.

CONTROL DE LAS NORMAS

Las utilizaremos para regular la conducta y establecer un ambiente de convivencia seguro. Las desarrollaremos entre todos/as a principio de curso de forma consensuada en la asamblea. Tendrán que estar escritas en positivo, no se trata de crear leyes o prohibiciones.

Habrá un encargado/a de leerlas para que las tengamos presentes en cada jornada. Además, durante el día, esa persona estará pendiente de que se cumplan las normas y si hay algún conflicto actuará como mediador y ayudará a resolverlo.

Podemos crear un póster y ponerlo cerca de la asamblea para que las tengan presentes, en 5 años los propios niños/as pueden escribir los carteles y decorarlos.

NORMAS DE CLASE

1. SOMOS UN EQUIPO
2. NOS QUEREMOS Y NOS RESPETAMOS
3. HACEMOS AMIGOS Y AMIGAS
4. LEVATAMOS LA MANO PARA HABLAR
5. USAMOS LAS PALABRAS MÁGICAS
6. HABLAMOS BAJITO
7. COMPARTIMOS, APRENDEMOS Y JUGAMOS

Descargar el cartel de las normas

Un ejemplo de normas que podemos tener:

- ◆ Somos un equipo.

- ◆ Nos queremos y nos respetamos.

- ◆ Hacemos amigos y amigas.

- ◆ Somos aventureros y aventureras.

- ◆ Usamos las palabras mágicas: "gracias", "por favor", "perdón" y "de nada".

- ◆ Tenemos que hablar bajito.

- ◆ Nos damos besos y abrazos.

- ◆ Compartimos, aprendemos y jugamos.

Mural de palabras mágicas: otro elemento que tenemos ubicado en el aula, cerca de la asamblea y que diariamente repasamos para tenerlas presentes y hacer uso de ellas.

HORARIO

El responsable de esta función tiene que poner la secuencia de actividades que realizaremos durante la jornada e ir moviendo a la mascota, según realicemos las actividades hasta que lleguemos a la casita. Utilizamos los pictogramas de ARASAAC (Centro Aragonés para la Comunicación Aumentativa y Alternativa) que llevan imagen y texto para establecer la secuencia temporal de las actividades que acontecerán a lo largo de la jornada escolar, se presentan de izquierda a derecha. En una pinza de tender de madera ponemos una imagen de la mascota de la clase o algún elemento relacionado con la temática o proyecto que estemos trabajando, por ejemplo, en el proyecto de los piratas utilizamos al Loro Comodoro. El encargado del horario va moviendo a la mascota de la clase, pasando de pictograma a pictograma, situándose en la actividad que estemos realizando. Ayuda a la lateralidad, ya que la sucesión de actividades va de izquierda a derecha. El pictograma no solo es beneficioso para el alumnado con necesidades especiales, sino que es un recurso que ayuda a la prelectura. Esta actividad mejora la anticipación de actividades, los niños se sienten más seguros porque pueden prever lo que va a suceder.

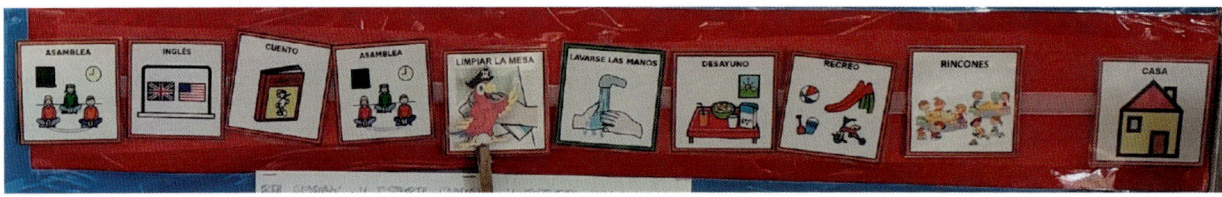

El niño o niña que tiene esta función utiliza "el dedo mágico" que es un puntero con forma de dedo que utilizamos para señalar y con eso contamos cuántos somos, por un lado, los niños, por otro las niñas y después hacemos la suma. Para esta actividad utilizamos las Regletas de Cussinaire (de tamaño XXL), representan los mismos colores y cantidades que las regletas habituales, pero al tener ese tamaño facilita la visibilidad y agarre de los niños/as.

Con las regletas de color blanco vamos poniendo el número de niños para representar la cantidad, después el encargado busca el número y la regleta del color correspondiente al número que haya salido del recuento y escribe ese número en el cartel.

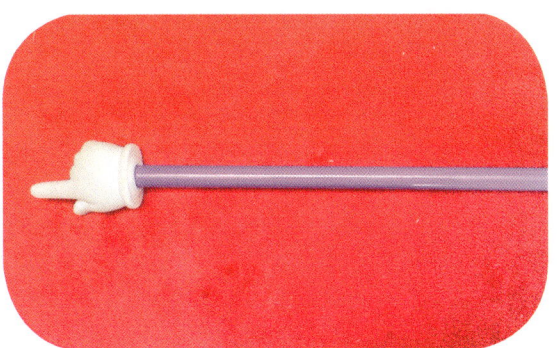

A continuación, cuenta a las niñas y repite el proceso y comparamos la cantidad con las regletas: ¿qué hay más niños o niñas? ¿cuántos niños más que niñas hay? ¿cuántos niños faltan para que haya el mismo número de niños y que de niñas? Con estas preguntas trabajamos el razonamiento lógico-matemático, el cálculo mental y la iniciación a los problemas matemáticos.

Finalmente, contamos el total, lo representamos con las regletas, buscamos los números correspondientes y los escribimos en el cartel que está ubicado en el tablón y que elaboro en función de cada proyecto, por ejemplo, este es de la Comunidad de Madrid.

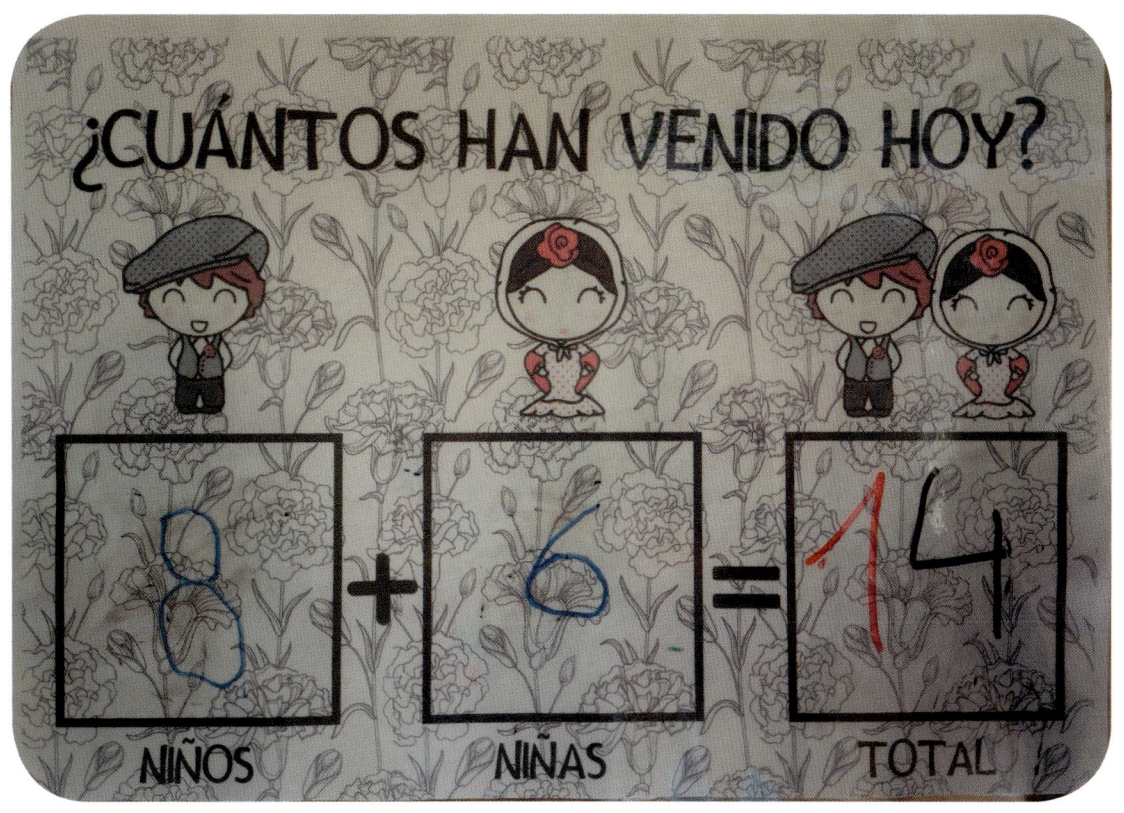

Después de usar las regletas en la asamblea transfieren los conocimientos puestos en práctica en el rincón de lógico matemáticas donde pueden utilizar las regletas comunes y ves como ellos solos repiten las operaciones de conteo y asociación de cantidad desarrolladas en la asamblea.

PERIODISTA

En tres años, será encargado de poner el menú del día del comedor, en cuatro, además del menú del comedor, podrá aportar alguna noticia relacionada con la localidad en la que vivimos (si hay un teatro el fin de semana, una feria...) y en cinco años también podrán traer noticias relacionadas con el proyecto que estemos trabajando o con la localidad (por ejemplo: si estamos aprendiendo sobre el espacio y hay un eclipse de Luna). Para el desarrollo de esta función de encargado es necesario contar con un poco de colaboración en casa para que ayuden a buscar información. Si vemos que las familias no colaboran podemos introducir nosotros la noticia y ayudarle a que el niño o la niña la explique a sus compañeros.

CONTAR LOS DÍAS DE COLE

Esta actividad es recomendable llevarla a cabo a partir de 4 años. Consiste en llevar un recuento de los días de colegio que llevamos, utilizando un pocket chart con bolsillos en los que ponemos palitos, vamos agrupando en decenas los días y poniendo el número correspondiente y cuando lleguemos a 100 haremos una centena, juntando diez paquetes de las decenas. Para aumentar la motivación y el interés de los alumnos por esta actividad podemos decirles que cuando lleguemos a 100 días de clase haremos una fiesta. La temática puede ser libre o podemos inspirarnos en la cultura americana, debido a que allí celebran el día 100 vistiéndose de viejecitos, es como si fuese su cumpleaños número 100.

Existen infinidad de funciones que podemos agregar a nuestra aula, depende del espacio, de la madurez de los niños... A continuación, enumero una serie de funciones para encargados que realizan su función fuera de la asamblea. Estas tareas son variables y podemos añadir o quitar en función del entorno, por ejemplo, si en el aula los interruptores de la luz están muy altos, no tendremos un encargado de apagar y encender la luz,

porque los niños no llegan, o si en clase tenemos una mascota, podemos poner un encargado con la función de veterinario para que se encargue de alimentarla y limpiarla.

Acomodador/a: cada niño/a baja su silla diariamente, tendremos un encargado de bajar las sillas si algún compañero/a no ha venido. Esta función se lleva a cabo antes de comenzar la asamblea.

Jardinero/a: en la clase me gusta tener plantas y flores ubicadas en una zona del aula. Para ello, hay un jardinero que cada mañana se encarga de regarlas y comprobar si todo está bien para un crecimiento óptimo.

Enfermero/a: en clase tenemos un botiquín con toallitas, un termómetro, gasas, un botecito con agua, tiritas... La función del enfermero/a consiste en que cuando alguien se cae, tiene una herida o le duele algo, este compañero/a se encarga de revisar el estado de la herida y si puede curar con algo del botiquín lo aplicará, si es más grave será el que avise al enfermero del colegio.

Mensajero/a: Cuando tengamos que darle algún material o mensaje a nuestra paralela, al conserje, al enfermero... este encargado será el que vaya. Esta función les ayuda a moverse por el espacio físico del centro y conocer a las personas que interactúan diariamente en el funcionamiento del colegio.

Primero de la fila: será el encargado de ponerse el primero de la fila cuando vayamos al patio, a psicomotricidad o algún otro sitio. Así evitamos las típicas disputas por quién va primero, hay un orden establecido que aprenden a respetar.

Vigilante de la fila: este responsable irá al final de la fila, controlando que todos estén dentro de la fila. Sujetará la puerta si es necesario para que los demás pasen.

Repartidor/a: es el encargado de repartir el material cuando vamos a realizar una actividad en la mesa.

Portero/a: deberá cerrar o abrir las puertas cuando sea necesario.

Masajista: después del patio realizamos una pequeña relajación en la que un encargado nos dará un masaje en la espalda con un masajeador mientras escuchamos música relajante o alguna meditación guiada.

Electricista: será el responsable de apagar y encender las luces cuando sea necesario.

Persianero/a: su función es la de subir o bajar las persianas de clase dependiendo de la actividad que vayamos a realizar. Normalmente para llevar a cabo la relajación después del patio este encargado baja las persianas y al finalizar las vuelve a subir.

Barrendero: encargado de limpiar o barrer cuando algo se caiga. Para mantener la clase limpia.

Afilador: se encargará de sacar punta a los lápices cuando estos lo necesiten.

Sustituto/a: esta figura es esencial, ya que es habitual que alguien falte. Por eso, este encargado tendrá que asumir las funciones de la persona que no haya venido.

Ayudante de la maestra: esta persona tendrá que ayudar a la maestra en aquello que precise, recoger un material que ha estado usando, acercarle algo que necesite durante la asamblea...

Limpiar mesas: antes de desayunar debemos limpiar las mesas. Para ello, tenemos un encargado que cogerá el bote con producto de limpieza y los pañuelos e irá por cada mesa suministrando para que los compañeros/as puedan limpiar su mesa.

Control de silencio: en clase tenemos un cartel con niveles de voz que podemos emplear según la actividad que estemos realizando: silencio, hablar bajito, hasta gritar. Habrá una persona encargada de controlar el nivel de voz según la actividad que estamos llevando a cabo.

Borrar la pizarra: la pizarra la usamos en la asamblea para escribir o dibujar, cuando necesitemos escribir y haya que borrarla vendrá el responsable de la pizarra para limpiarla y que podamos usarla.

Control de residuos: durante el desayuno habrá una persona encargada de que los envases se reciclen de forma adecuada. En clase tenemos ubicada una zona de reciclaje, con tres papeleras: azul para el papel, amarilla para plásticos y envases y negra para orgánico. Cuando algún niño/a tenga dudas de donde debe tirar el envase deberá preguntarle a este encargado y también revisará que nadie se equivoque.

Recoger el material: habrá un encargado de recoger el material cuando hagamos alguna actividad en gran grupo, durante la asamblea o en otro momento de la jornada. También revisará que los materiales de los rincones estén bien recogidos antes de irnos a casa.

Para establecer el reparto y organización de los encargados utilizo pinzas de la ropa, cada alumno/a tiene la suya y en un *pocket chart* tengo puestas las funciones de los encargados, a cada función le pongo una pinza.

En cuanto a la duración, esta puede variar. Yo suelo establecer los cargos para una semana. Cada lunes antes de sentarnos en la asamblea cambio las pinzas para asignar las nuevas funciones a cada encargado/a.

"DIME
Y LO OLVIDO,
ENSÉÑAME
Y LO RECUERDO,
INVOLÚCRAME
Y LO APRENDO"
BENJAMÍN
FRANKLIN.

ACTIVIDADES

Además de las rutinas que realizan los encargados diariamente en la asamblea, podemos introducir otro tipo de actividades previamente programadas con las que estimular diferentes áreas del conocimiento o inteligencias múltiples. Estas actividades se pueden organizar semanalmente para llevarlas a cabo un día a la semana e ir alternándolas. Dependerán de la edad del grupo con el que estemos trabajando.

MUSICALES

La música estimula la creatividad y la imaginación, facilita el aprendizaje del lenguaje y la lectura, enseña disciplina y paciencia. También promueve la apreciación cultural y aumenta la confianza y la autoestima de los niños al aprender nuevas habilidades.

Es un lenguaje universal que ayuda a mejorar el estado de ánimo. Las actividades que se llevan a cabo en torno a esta destreza estarán relacionadas con el desarrollo de la inteligencia musical. Podemos trabajarla a través de canciones, ritmos musicales e instrumentos.

CANCIONES

Son un beneficio para el desarrollo del lenguaje y del vocabulario y mejoran la atención y la memoria. En clase, utilizamos canciones para darnos la bienvenida y saludarnos, nos anima y nos pone de buen humor. Con ellas, también, repasamos contenidos, como los días de la semana, los meses, vocabulario...

Algunas de las canciones que escuchamos diariamente son: Buenos días canto yo, ¿Cómo está el tiempo? o los días de la semana, entre otras. Suelo utilizar YouTube para reproducirlas, donde tengo creada una lista de reproducción con el nombre de Asamblea y voy variándolas. Cuando cambiamos de mes, cantamos alguna canción relacionada con los meses del año.

RITMOS MUSICALES

Pueden usar diferentes instrumentos para experimentar con sonidos y compases, desarrollando su creatividad y habilidades de composición. Además, podemos utilizar nuestro cuerpo como instrumento musical o introducir silencios en medio de la canción. Son actividades breves y divertidas que podemos añadir a la asamblea que podemos ir variando según el contenido que queremos trabajar y cambiar de actividad diariamente. Estos son algunos ejemplos de actividades que podemos introducir:

Hacer con ritmos las canciones de la asamblea (palmadas, palmas en las piernas, chasquidos).

Secuencia de aplausos que deben repetir, como "aplaude, aplaude, pausa, aplaude". Varia el ritmo y la secuencia, y permite que los niños propongan sus propias secuencias.

Introducir silencios en las canciones.

Hacer sonar los instrumentos en un momento determinado de la canción que estemos escuchando o cantando.

Discriminar sonidos: si son instrumentos musicales o no, sonidos ambiente u onomatopeyas.

INSTRUMENTOS MUSICALES

Usar instrumentos musicales en educación infantil puede ser una experiencia enriquecedora y divertida tanto para los niños como para los maestros. Aquí te presento algunas ideas sobre cómo hacerlo:

Exploración libre: permite que los niños exploren los instrumentos libremente. Esto les ayuda a familiarizarse con los sonidos y la manera en que se producen, fomentando su curiosidad e interés por la música.

Actividades de imitación: en los que los niños imiten ritmos y melodías sencillas. Puedes empezar tocando un patrón rítmico con un tambor, por ejemplo, y pedirles que lo repitan con sus propios instrumentos.

Canciones con instrumentos: integra instrumentos en las canciones infantiles que ya conocen. Los niños pueden tocar maracas, tambores o campanas al ritmo de la música, lo cual refuerza su sentido del ritmo y la coordinación.

Cuentos musicales: combina cuentos con música, utilizando instrumentos para crear efectos sonoros que acompañen la narrativa. Esto enriquece la experiencia del cuento y ayuda a desarrollar la imaginación.

Implementar estas actividades en el aula no solo hace que el aprendizaje sea más atractivo, sino que también promueve un desarrollo integral en los niños. Además, también utilizo los instrumentos para realizar llamadas de atención, bajar el volumen y llamadas para acudir a la asamblea. En un aula de educación infantil, se pueden utilizar una variedad de instrumentos musicales que son adecuados para las manos pequeñas y que fomentan el desarrollo musical de los niños. Aquí tienes algunos ejemplos:

Maracas: fáciles de agitar y producen un sonido rítmico, perfecto para los más pequeños.

Panderetas y Tamborines: ideales para golpear y sacudir, ayudando a desarrollar el sentido del ritmo.

Campanas: pueden ser de mano o en un conjunto de tonos diferentes, lo que ayuda a los niños a aprender sobre diferentes notas.

Xilófonos: son perfectos para enseñar melodías simples y explorar diferentes tonos.

Cascabeles: se pueden sujetar a las muñecas o tobillos, haciendo que los niños produzcan música mientras se mueven.

Triángulos: fáciles de usar y producen un sonido claro y brillante que los niños disfrutan.

Cajas Chinas: instrumentos de percusión simples que producen un sonido hueco y atractivo.

Bongos: pequeños tambores que se tocan con las manos, ideales para la exploración rítmica.

Güiro: un instrumento de percusión que se raspa, enseñando a los niños diferentes técnicas para producir sonido.

Castañuelas: instrumentos de percusión que se tocan con los dedos, buenos para desarrollar la coordinación.

Palos de Lluvia: crean sonidos suaves y relajantes, perfectos para actividades de atención plena.

Estos instrumentos no solo son divertidos de tocar, sino que también son seguros para los niños pequeños y fomentan el aprendizaje activo y creativo en el aula. Cada semana podemos llevar un instrumento diferente a clase para que lo observen, lo toquen y se lo vayan pasando.

Esta actividad está relacionada con la inteligencia lingüística y con la interpersonal.

El uso del micrófono supone un elemento útil y divertido que ayuda a mejorar la expresión oral y a desarrollar destrezas para hablar en público. Al tenerlo en la mano, inhibe un poco el nerviosismo o la vergüenza que nos puede generar que los demás nos estén mirando. También, ayuda a respetar el turno de palabra ya que solo puede hablar la persona que tiene el micrófono en sus manos y los demás mientras deben escuchar.

Cuando tienen el micrófono en sus manos tienen libertad para contar lo que les apetezca, algunos contarán donde estuvieron ayer, otros lo que van a hacer el fin de semana, si han jugado con sus hermanos o han visto a algún amigo de la clase en el parque. Permite conocer sus intereses y gustos.

Al principio, en 3 años, tenemos que ayudarles a estructurar su mensaje haciéndoles preguntas para que puedan construir pequeñas oraciones de 4 o 5 palabras. Yo suelo usarlo los lunes para que nos cuenten lo que han hecho durante el fin de semana. Cuando ya están en 5 años, ha y ocasiones en las que es recomendable poner un reloj de arena o temporizador para limitar el tiempo de posesión del micrófono.

Es muy divertido escuchar este tipo de conversaciones que pueden ser tan variopintas como que su perro ha hecho caca o que han ido al parque, han jugado con sus coches o a su hermano se le ha caído un diente.

MINDFULNESS

Significa atención o consciencia plena. Esta práctica la podemos relacionar con la inteligencia intrapersonal. Consiste en trabajar la consciencia del aquí y el ahora, prestar atención al momento presente. Los periodos de atención de los niños de educación infantil son cortos. Así pues, el Mindfulness es una buena herramienta para entrenarlos y conseguir que vaya aumentando.

Podemos realizar pequeñas actividades en las asambleas para mejorar este propósito. Además, pueden servir para trabajar conceptos relacionados con la música como ruido y silencio o modular el volumen de la voz.

Algunos de las actividades que podemos realizar son:

Respiración profunda tomando consciencia de cómo el aire sale y entra por la nariz.

- **Respiración con las manos en la barriga**, tomamos aire profundamente e intentamos hinchar la barriga como si fuese un globo, aguantamos el aire dos segundos y los expulsamos suavemente por la boca muy despacio.

- **Quietos y atentos como una rana:** vamos a sentarnos (nos ponemos en cuclillas) y a respirar como una rana. Así, la ranita no se cansa, notamos como se hincha la barriga y se vacía otra vez.

- **Círculo de la atención:** elegimos un objeto que debemos pasarnos unos a otros con cuidado y atención, podemos ir variando el objeto cada vez que hagamos este juego. Por ejemplo, pasarnos una campana de uno en uno para evitar que suene y estemos en completo silencio.

◇ **Dibujar algo en la espalda del compañero.**

◇ **Escuchar sonidos de la naturaleza (lluvia, viento, cascada, pájaros...).**

Cuando ya hayamos trabajado este tipo de actividades podremos comenzar con algún tipo de meditación guiada a través de visualizaciones, que podremos llevar a cabo en la relajación que realicemos después del patio, donde la duración será más larga.

POSTURAS YOGA

También podemos introducir posturas de yoga sencillas, relacionándolas con la inteligencia cinético corporal, que suponen una serie de beneficios como: tomar conciencia del propio cuerpo, aumentar la capacidad de relajación, reducir el estrés, mejorar la atención y la concentración. Llevaremos a cabo posturas que no invadan el espacio del compañero, porque recordemos que estamos en la asamblea. Podemos usar el cuenco tibetano para cambiar de postura, que algún niño sea el encargado de tocarlo al medir el tiempo con un reloj de arena. Estas son algunas de las posturas que son aplicables al espacio de la asamblea:

Estás asanas sirven para tomar conciencia, parar y prepararse para afrontar algo nuevo. En las sesiones de psicomotricidad podemos desarrollar yoga con más detalle y profundidad, pero la asamblea puede ser una toma de contacto para desarrollar esta práctica.

Descargar las tarjetas de las posturas de yoga.

Las actividades lógico-matemáticas fomentan la capacidad de razonamiento lógico. Los niños aprenden a identificar patrones, secuencias y relaciones, lo que mejora su capacidad para resolver problemas de manera lógica. Las actividades descritas a continuación están relacionadas con la inteligencia lógico-matemática. Para que sean efectivas, es imprescindible limitar su duración, estar pendientes de que la participación esté repartida de manera equitativa y controlar que mantengan una atención y escucha activas.

TODO SOBRE EL NÚMERO

Es un cartel en el que elegimos un número, podemos usar dados para que salga al azar, o tarjetas. Y a partir de ahí, escribe el número, la palabra del número y representamos la cantidad.

Descargar el cartel del número.

CONTAR LOS DÍAS DE COLE

Agrupándolos en decenas, centenas y unidades. Esta es una de las funciones que realizan los encargados.

CONTAR A LOS COMPAÑEROS

Para ello habrá un encargado, el contable. Para esta actividad se utilizarán las regletas, sumará los niños y escribirá los correspondientes números.

TEN FRAMES

Se trata de un tablero con diez casillas, en el que tendremos diez amigos, pueden estar relacionados con el proyecto que estamos trabajando, por ejemplo, diez piratas. Cada día algunos se esconderán y tendremos que calcular los amigos perdidos, contar cuántos hay y cuántos faltan y hacer la operación correspondiente para tener el total, que es 10. Con este juego operamos las partes de 10, trabajamos la suma y la resta y la escritura de operaciones matemáticas. Podemos combinarlo con las regletas y representar las cantidades también con este material.

POCKET CHART

De los números hasta el 100: a partir de cuatro años, podemos introducir este recurso que es una herramienta visual y táctil muy efectiva en la asamblea. Estas son algunas de las actividades que podemos hacer con este material:

◇ Actividad de búsqueda: da pistas sobre un número ("Estoy pensando en el número que está entre el 5 y el 7") y pide a los niños que lo encuentren en el chart. Puedes hacerlo más complejo utilizando características de los números (por ejemplo, "un número par mayor que 10").

◇ Ordenar los números: coloca los números en el *pocket chart* de manera desordenada. Pide a los niños que encuentren y coloquen los números en el orden correcto.

◇ Colores para agrupar: usa tarjetas de diferentes colores para resaltar grupos de números, de dos en dos, de cinco en cinco o de diez en diez, esto ayuda a los niños a identificar patrones y grupos.

◇ Cantar los números: mientras señalan los números en el chart, canta una canción numérica que incluya el conteo hasta 100. Esto ayuda a memorizar y hacer que el aprendizaje sea divertido.

◇ Ubicar el número: seleccionamos un número y sumamos 10, restamos 10, más 1 y menos 1.

69

BINGO DE FIGURAS GEOMÉTRICAS

Es una actividad divertida y educativa que ayuda a los niños a reconocer y nombrar diferentes figuras geométricas. Podrán jugar en parejas compartiendo un cartón, utilizaremos tapones para ir marcando la figura que haya salido. Un niño voluntario irá sacando las tarjetas con las figuras y diferentes colores. Los niños deben buscar en sus cartones la figura geométrica que salga y taparla. Otra variante puede ser utilizar figuras geométricas de diferentes tamaños en los cartones de Bingo. Por ejemplo, un cartón puede tener un "círculo grande" y un "círculo pequeño". Y el nivel más difícil puede ser, en lugar de nombrar las figuras, describe sus características (por ejemplo, "figura con tres lados" para un triángulo).

SIGUE MI JUEGO

Es un juego de imitación y reconocimiento de formas, utilizando bloques lógicos de Dienes. Repartimos de forma aleatoria un bloque a cada niño/a. A continuación, la maestra o un niño elegido comienza el juego seleccionando un bloque lógico, describiéndolo en términos de forma, color, tamaño y grosor (por ejemplo, "círculo rojo grande"). El niño que tenga un bloque que coincida con al menos uno de estos atributos debe ponerlo a lado, repitiendo el proceso, describiendo su bloque para que otro niño continúe. Esto fomenta la atención, la escucha activa y el reconocimiento de características geométricas, aprendiendo a identificar similitudes y diferencias. El juego avanza a medida que cada niño sigue la descripción dada, asegurando que todos participen y se mantengan atentos a los detalles.

ROLLOS DE PAPEL HIGIÉNICO PARA PONER CANTIDAD

Para llevar a cabo esta actividad necesitamos 10 rollos de papel higiénico, a los que les pondremos un número a cada uno, del 0 al 9 y con palitos de polo o depresores iremos introduciendo la cantidad correspondiente. Al principio, en 3 años, podemos repartir los rollos vacíos a algunos niños para que los observen, ver si reconocen el número que tiene puesto y que introduzcan la cantidad adecuada de palos, los demás niños observaran y determinaran si ha acertado o necesita ayuda. Otro material que podemos utilizar son los dados, o introducir problemas matemáticos, por ejemplo, Vega tiene 2 palos de polo y Valeria tiene 3. ¿Cuántos palos tienen las dos juntas? Cuando obtengamos el resultado podemos introducir el número de palos en el rollo correspondiente.

LECTOESCRITURA

En este apartado vamos a desarrollar actividades relacionadas con la inteligencia lingüística, sobre todo, con la lectura y la escritura. Desarrollar la lectoescritura es crucial para sentar las bases de la alfabetización. En estas edades, es importante presentar actividades que sean lúdicas y atractivas, combinando la escritura y la lectura con el juego para mantener el interés y la motivación. A continuación, presento una serie de juegos breves y sencillos, que pueden tener una duración de cinco o seis minutos, cuyo principal objetivo es estimular a los niños y niñas para que pierdan el miedo a escribir, valorando todos los intentos de escritura y se inicien en la lectura y el conocimiento de los sonidos de los fonemas.

PRAXIAS A TRAVÉS DE CUENTOS

Las praxias bucofaciales son ejercicios que ayudan a mejorar la articulación del lenguaje. Podemos utilizar una vez a la semana 2 o 3 minutos algún cuento o historia breve para ejercitar los músculos bucofaciales de nuestros alumnos.

Por ejemplo: Simón, el dragón del Bosque Encantado, un día se despierta sin su fuego. Preocupado, busca ayuda de sus amigos para recuperarlo. Primero, se encuentra con Juana, la rana, que le enseña a inflar sus mejillas como un globo y soltarlas con un soplo. Luego, Álvaro, el pájaro carpintero, le muestra cómo soplar suavemente alargando los labios, como si apagara una vela. Más adelante, Antón, el ratón, le sugiere mover su lengua de lado a lado dentro de la boca, como si buscara una nuez escondida. Finalmente, el viento le dice que abra la boca y haga el sonido de un gran suspiro. Al practicar todos estos ejercicios, Simón siente un cosquilleo en su boca y su fuego regresa. Ahora, cada vez que lo necesita, recuerda los ejercicios que sus amigos le enseñaron para encender su llama.

Esta es una actividad sencilla y breve, en internet hay montones de ejemplos.

ONOMATOPEYAS

Son una excelente manera de captar la atención de los niños y hacer que el aprendizaje sea divertido y dinámico. Podemos jugar a imitar sonidos de animales, reproducir un sonido y pedirles a los niños que adivinen de qué se trata, pueden intentar imitar el sonido, cantar canciones de animales con sus onomatopeyas o hacer juegos de cartas como este *memory*. Sobre todo, las usaremos en 3 años, para ayudar a la articulación y la pronunciación de nuestros alumnos.

Descargar las tarjetas de la foto

TRABALENGUAS

Son herramientas pedagógicas muy efectivas en el aula, desafían la mente, promoviendo la concentración, la memoria y la atención. Al jugar con las palabras, los estudiantes pueden desarrollar su creatividad y expresión oral. Podemos introducirlos semanalmente, presentamos uno y lo repetimos durante esa semana, a la siguiente introducimos otro y así durante todo el curso. También podemos animar a las familias a que busquen en casa y los niños/as lo presenten a sus compañeros.

ADIVINANZAS

Son un tipo de juego verbal que tiene múltiples beneficios, estimulan el pensamiento crítico y la capacidad de resolución de problemas, ya que requieren analizar pistas y deducir respuestas. Puede ser una actividad divertida en grupo, promoviendo la colaboración y la comunicación entre los participantes. Podemos hacer lo mismo que con los trabalenguas, y relacionarlas con el proyecto que estemos viendo en el aula y una vez a la semana podemos jugar con ellas en la asamblea, leerlas en voz alta y anotar las posibles soluciones que propongan.

ADIVINANZA

LLEVO PINZAS POR DELANTE, Y EL VENENO POR DETRAS. MI NOMBRE RIMA CON DRAGÓN.

ADIVINANZA

MAMÍFERO RUMIANTE DE CUELLO ALARGADO, POR EL DESIERTO ERRANTE SIEMPRE ANDA JOROBADO.

ADIVINANZA

EN EGIPTO YO ERA REY, EL PRIMERO FUE NAMER. LA ÚLTIMA UNA MUJER, GOBERNÓ CON GRAN PODER. ¿ADIVINAS QUIÉN SOY?

ADIVINANZA

TIENE CUERPO DE LEÓN LE GUSTA ESTAR SENTADO EN LA ENTRADA DE LOS TEMPLOS CON LA CABEZA DE HUMANO.

ADIVINANZA

UY QUE SUSTO DOY. TODA ENVUELTA EN VENDAS VOY.

ADIVINANZA

VIVO EN GRANDES RÍOS, MI FAVORITO ES EL NILO. ME LLAMO COCO Y DE APELLIDO DRILO.

REFRANES

Nos sirven para ampliar el vocabulario y conocer el doble sentido. Podemos introducir uno mensualmente, relacionándolo con el mes en el que nos encontremos. Por ejemplo: "*Abrígate por **febrero** con dos capas y un sombrero.*"

Enriquece el vocabulario y mejora la comprensión del lenguaje. Los niños aprenden nuevas palabras y estructuras gramaticales a través de rimas y ritmos. Durante la asamblea podemos relacionarla con las estaciones y recitar diariamente una con cada estación, acompañada de gestos. En cuatro años podemos a partir de esa poesía completar las palabras que faltan y en cinco años podremos escribir algún fragmento. También podemos dedicar un día de la semana a la poesía y leerles un poema cada semana, como por ejemplo los lunes poéticos, animar a las familias a que participen y cada semana sea un niño/a el encargado de traer una poesía al aula.

3 años: partiremos del nombre propio ya que es su centro fundamental de interés. Para trabajar la lectoescritura, a medida que avance el curso, introduciremos el nombre de la mascota de clase, los días de la semana, y vocabulario relacionado con el proyecto. Escribimos el menú del comedor, el nombre del protagonista del día y contamos las letras, buscamos las vocales.

4 años: a esta edad comienza a despertarse el interés por las letras y palabras. Aprovecharemos este momento para realizar actividades con palabras: estas actividades se pueden hacer diariamente, semanalmente o elegir una para cada día, por ejemplo:

Lunes: letra reina.

Martes: palabras encadenadas.

Miércoles: separar sílabas.

Jueves: rimas.

Viernes: clasificar palabras según el número de sílabas.

Cada semana nos visitará una letra y dedicaremos 2 o 3 minutos de la asamblea a escribir palabras que empiezan por esa letra en un cartel, habrá un encargado de escribir las palabras cada día. Muestra a los niños una tarjeta grande con la letra reina, pronuncia la letra en voz alta y pídeles a los niños que repitan después de ti y presenta imágenes de objetos que comiencen con la letra reina. Por ejemplo, si la letra es "S" muestra imágenes de un sol, una serpiente, una silla, etc. Asocia la letra con los sonidos iniciales de estas palabras. Puedes hacer un juego donde los niños digan el nombre del objeto y encuentren la tarjeta correspondiente con la letra y después escriban la palabra en el cartel.

Cuando finalicemos con esa letra colgaremos el cartel en el rincón de las letras y cuando tengamos todo el abecedario podemos hacer un libro.

PALABRAS ENCADENADAS

Es una excelente manera de fomentar el desarrollo del vocabulario, la capacidad de escucha y la creatividad en los niños de 3 a 6 años. A continuación, te expongo cómo puedes llevar a cabo este juego de forma adecuada, podemos jugar de forma oral o ir escribiendo la palabra en la pizarra. Explica a los niños que jugarán a un juego de palabras encadenadas. Les dirás que cada uno deberá decir una palabra que comience con la última letra (o sílaba, según la edad) de la palabra que dijo el niño anterior. Comienza el juego diciendo una palabra simple, por ejemplo, "sol". Luego, dile al siguiente niño que debe decir una palabra que empiece con la última letra de la palabra "sol", que es "l". Así, el siguiente niño podría decir "luna". Sigue en el círculo y cada niño debe decir una palabra que comience con la última letra de la palabra que dijo el niño anterior. Si un niño no sabe una palabra que comience con la última letra de la palabra anterior, puede pedir ayuda a los demás o pasar el turno.

Otra variante del juego puede ser introducir tarjetas con imágenes, mostrando una tarjeta al principio del turno para ayudar a los niños a comenzar el encadenamiento. Después de que un niño diga una palabra, puedes mostrar otra tarjeta que comience con la última letra de la palabra anterior para inspirar la próxima respuesta.

También se puede hacer como juego libre, anima a los niños a usar su imaginación y creatividad al elegir palabras. Puedes hacer el juego más dinámico usando música. Por ejemplo, puedes poner música y hacer que los niños pasen un objeto (como una pelota). Cuando la música se detiene, el niño que tiene el objeto debe decir una palabra que encaje en la cadena.

Para subir un poco el nivel de dificultad se puede limitar el juego a un tema específico, como animales, comida, o cosas que se encuentran en la casa.

Este juego es muy versátil y se puede ajustar para adaptarse a las necesidades y niveles de los niños. Es una excelente manera de combinar el aprendizaje con la diversión y de fortalecer las habilidades lingüísticas de una forma interactiva.

SEPARAR LAS PALABRAS POR SÍLABAS

Podemos utilizar los nombres de los niños de clase, palabras del vocabulario del proyecto, los meses del año… podemos segmentarlas dando palmadas y contando cuantas hemos dado, o utilizando el brazo: una sílaba me toco el hombro, dos sílabas me toco el hombro y el codo, tres sílabas: me toco el hombro, codo y muñeca, cuatro sílabas, hombro, codo, muñeca y puño. Al hacer de esta forma es más visual porque contando las palmadas podemos perdernos y no saber cuántas llevamos, pero de esta manera si acabamos y estamos tocando la muñeca sabemos que son 3 sílabas.

Utilizaremos tarjetas de imágenes (pueden ser del proyecto que estemos trabajando o de cualquier otra cosa) en la alfombra pondremos tarjetas con el número 1, 2, 3, 4, y los niños irán saliendo y eligiendo una tarjeta dirán el nombre de lo que es y contarán cuantas sílabas tiene y lo colocarán en el número correspondiente.

RIMAS

La rima ayuda a los niños a comprender la sonoridad y el ritmo del lenguaje. Fomenta el desarrollo del vocabulario y la adquisición de nuevas palabras, son más fáciles de recordar que las palabras sueltas. Tendremos tarjetas de imágenes que rimen entre sí, podemos enseñar una y dar tres opciones y ellos elegirán la que rima, después pueden escribir las dos palabras en la pizarra, o inventarse una frase. Por ejemplo: les enseñamos una imagen de un hueso, y tres imágenes alternativas: queso, fresa, melón. Eligen la que rima con hueso. Cuando ya tengan afianzada la rima podemos jugar al bingo de rimas o diseñar algún juego de rimas para jugar con la Ruleta de Ikea.

5 años: subimos un poco más el nivel.

SUSTITUIR UNA SÍLABA POR OTRA

BO-TA cambiamos TA por CA, BO-CA. Lo haremos de forma oral y después en la pizarra, cuando ya tengan práctica en este juego podrán hacerlo directamente escribiendo la segunda palabra.

INVENTAR FRASES

Podemos utilizar los dados de contar historias y a partir de los elementos que aparezca crear una frase y escribirla. Puede ser disparatada y divertida o relacionado con el proyecto que estemos investigando.

PALABRA DEL DÍA

Esta actividad la podemos relacionar con el proyecto: utilizaremos una tarjeta de vocabulario, escribimos la palabra, separamos en sílabas, contamos las letras. Escribimos una frase con ella. También podemos utilizar palabras relacionadas con las emociones o sentimientos y hacer un diccionario emocional.

El cuento es un recurso maravilloso en Educación Infantil ayuda a mejorar el vocabulario, a resolver conflictos internos que no saben verbalizar, potencia la imaginación... Lo podemos introducir al final de la asamblea para introducir algún tema que queramos abordar o podemos leer el cuento en cualquier otro momento de la jornada.

A la hora de leer en cuento tenemos unas consignas:

OREJAS DE ELEFANTE

BOCA DE PEZ

En este momento podemos leer un cuento relacionado con el proyecto que estamos trabajando, con la estación en la que nos encontramos, un cuento de las figuras geométricas o simplemente por el placer de leer. También, podemos utilizar los datos para contar historias y elaborar nuestro propio cuento.

OJOS DE BÚHO

Descargar las imágenes

CHISTERA DE MARIPOSAS

Este es un elemento muy llamativo para los más pequeños que me gusta introducir para darle más fantasía y encanto a la hora de contar un cuento en la asamblea. Es una chistera decorada con mariposas que me pongo solo en esa ocasión, porque trasmite más emoción a la narración, crea un ambiente mágico y a los niños les encanta.

NATURALISTA

La inteligencia naturalista la trabajamos principalmente a través de las estaciones, mediante la observación y el análisis del entorno que nos rodea.

Durante la asamblea se trabajan las características de las estaciones, sobre todo, de la que nos encontramos. Utilizo los siguientes materiales:

CUERDA DE LA BELLEZA

Tenemos en clase una cuerda de tender donde colgamos fotos relacionadas con la estación y en cada época las cambiamos. Cuando las colgamos aprovechamos para observarlas con detalle, miramos los colores, identificamos los elementos que aparecen, repasamos el vocabulario relacionado con la estación, vemos si los tenemos en nuestro entorno cercano y las vamos colgando todos juntos en la cuerda para tenerlas presentes.

CUADROS DE LAS ESTACIONES

Son bastidores decorados con fieltro que simbolizan las principales características de cada estación. Encima tienen el nombre y con una pinza con la mascota de la clase seleccionamos la estación en la que estamos.

CASITAS DE LAS ESTACIONES

Cada casita está decorada con elementos significativos de la estación (hojas, si es otoño, flores, si es primavera, etc.). Dentro de cada casa vive un señor que será el representante de cada estación y cuando estemos en una estación determinada sacaremos al señor fuera. Este material se encuentra al alcance de los niños para que puedan verlo y manipularlo.

POESÍAS

Desde los 3 años en la asamblea aprendemos una poesía relacionada con cada estación que acompañamos con gestos para facilitar su memorización y diariamente la repetimos, formando parte de una más de las rutinas.

REFRÁN
(A PARTIR DE 4 AÑOS)

Cada mes aprendemos un refrán que recitamos cada día.

En 5 años podemos combinar la poesía y el refrán, en los rincones los utilizaremos para trabajar la lectoescritura a partir de estas propuestas.

PÓSTER DE LA ESTACIÓN EN LA QUE ESTAMOS

Está ubicado en la asamblea en la zona donde se encuentran los materiales relacionados con las estaciones, se presenta cuando empieza la estación y hablamos sobre los elementos que aparecen en él.

BOTELLAS SENSORIALES

Para cada estación me gusta hacer botellas sensoriales con elementos característicos de la estación, por ejemplo, en otoño; castañas, maíz, hojas, en primavera, flores, césped, insectos... las pongo en la asamblea y las observamos, buscamos elementos, los nombramos y los cuantificamos. Este material está siempre al alcance de los niños para que las cojan cuando ellos quieran.

VESTIMOS A LOS BEBÉS DE LA CLASE CON LA ROPA DE CADA ESTACIÓN,

Con esta actividad tan simple, los niños aprenden sobre las estaciones y el clima asociado a cada una. Esto les ayuda a entender conceptos básicos sobre el entorno natural, fomenta el juego simbólico, permitiendo a los niños imaginar historias y situaciones relacionadas con cada estación. Trabajamos la coordinación óculo-manual, la motricidad fina, ya que manipular las prendas y colocarlas en los muñecos requiere precisión y destreza manual. Aumenta el vocabulario de las prendas de vestir, aprendemos la ropa que es adecuada para cada estación y que para ello debemos tener en cuenta el clima atmosférico.

OTOÑO 🍁

INVIERNO ❄

PRIMAVERA 🌸

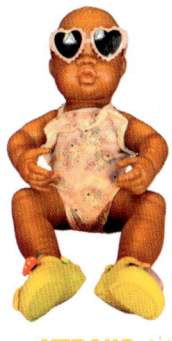

VERANO ☀

Implementar estas actividades no solo hace que el aprendizaje sea más divertido y significativo, sino que también contribuye al desarrollo integral de los niños en un ambiente colaborativo y creativo.

Es una actividad para trabajar la inteligencia visual espacial a través de la expresión plástica y la representación del esquema corporal. En 3 años, sobre todo, para que comiencen a identificar las partes del cuerpo, distinguen entre niños y niñas y trabajan la representación del esquema corporal. Comenzamos con la cabeza que es el eje principal de su visión, hacemos un círculo y vamos añadiendo elementos que tenemos en la cara, cuantificándolos: ¿Cuántos ojos tenemos?, debajo de los ojos que hay, ¿Cuántas narices tenemos?, Debajo de la nariz está... ¿Para qué sirve la boca?... Así continuaremos con el resto del cuerpo. Al principio, en tres años, solo dibujan cabezones con patas y brazos, pero a lo largo del curso, podemos ver como esos cabezones evolucionan y se transforman en personas con tronco y piernas.

En los cursos de 4 y 5 años es asombroso ver la cantidad de detalles que van añadiendo a los dibujos, representando, incluso la ropa que llevan ese día.

Durante la asamblea, cada día sale un niño/a de la clase a la pizarra, pone su nombre con letras magnéticas, lo escribe, contamos cuántas letras tiene, si es largo o corto y rodeamos las vocales (3 años), separamos en sílabas (4 años), escribimos también los apellidos (5 años). Después, realiza su dibujo del Así soy yo debajo de su nombre.

Una vez al mes, como parte del trabajo que realizamos en mesa, cada alumno/a hace su propio dibujo del Así soy yo en un papel y lo colgamos en la pared, donde tenemos un mural para ir viendo la evolución en sus dibujos.

CUMPLEAÑOS

Cuando tenemos un cumpleaños en clase lo celebramos al final de la asamblea. El desarrollo de esta actividad está inspirado en la filosofía Montessori. Para ello, preparamos el tapete con los meses del año y el sol en el centro en la asamblea y llamamos al protagonista al centro. En el centro ponemos una pequeña vela a pilas. Ponemos el día del mes en el que estamos al lado del mes correspondiente.

El cumpleañero/a tendrá en sus manos una pelota de la Tierra y les explicamos que es su cumpleaños porque la Tierra ha dado una vuelta alrededor del sol.

Ahora el protagonista tendrá que dar tantas vueltas al sol como años cumple, mientras cantamos la canción:

"la Tierra da vuelta al Sol, la Tierra da vueltas, da vueltas al sol".

Una opción que queda muy bien es acompañar la presentación del tapete con fotos del cumpleañero/a cuando era bebé, tenía un 1, 2, 3... Para que visualicen el paso del tiempo y como se van haciendo mayores cada vez que la Tierra da una vuelta alrededor del Sol.

Después, colocaremos nuestra tarta de madera, cantamos el cumpleaños feliz y el cumpleañero reparte un trocito de tarta a cada uno de sus compañeros/as.

RULETA DE IKEA

La ruleta es un recurso viral que yo recomiendo usar a partir de los 4 años. En 3 años podemos enseñarla, ver el funcionamiento, pero a partir de 4 años, ellos ya pueden ser participantes activos de este material.

En la asamblea podemos utilizarla para elegir los voluntarios de algún juego y que sea el encargado ayudante de la maestra quien la haga girar y diga el nombre del elegido, en cada casilla podemos poner una foto o el nombre de cada uno de nuestros alumnos.

También la podemos usar para trabajar contenidos relacionados con el proyecto que estemos trabajando, con las estaciones, con lectoescritura o lógico-matemáticas. En las redes sociales podemos encontrar infinidad de recursos descargables para customizar nuestra ruleta. Del mismo modo, podemos hacerlos nosotros mismos con gomets, por ejemplo, ponerle el abecedario, escoger una letra aleatoria y ver quién la tiene en su nombre o en su apellido o escribir palabras que empiecen por ella.

O gomets de figuras geométricas y cuando salga una describirla y buscar en el espacio que nos rodea algo que tenga esa forma.

Otra actividad puede ser poner imágenes de personajes de cuento, hacerla girar para elegir los personajes protagonistas de nuestra narración.

101

MONSTRUO DE LAS GALLETAS

Este material lo elaboré con una caja de folios, la forré, le puse goma eva y creé el monstruo de las galletas. Con este recurso podemos hacer juegos de lógico matemáticas o de lectoescritura.

3 años:

Necesitaremos un dado, lo lanzamos y el número que salga será el número de galletas que tienen que darle de comer al monstruo.

Con un dado de bolsillos, podemos poner las vocales, lanzan el dado y escogen alguna de las figuritas que tenemos que empiecen por esa letra.

4 años:

Podemos hacer sumas sencillas de galletas, o de pepitas de chocolate en las galletas, lanzando dados, realizando la operación e introduciéndolas en la boca del monstruo.

En lectoescritura podemos poner figuras de letras del abecedario, elegir una letra al azar (podemos usar la Ruleta de Ikea para ello) y buscar qué imagen o figura empieza por esa letra para que el monstruo se lo coma, o escribir una palabra que comience por esa letra en una galleta y dársela de comer al monstruo.

5 años:

Trabajaremos la introducción a los problemas de operaciones matemáticas, con suma o resta, para ello les contaremos por ejemplo que el monstruo fue a comprar 7 galletas y por el camino se comió 4. ¿Cuántas galletas

le quedaban cuando llegó a casa? y los alumnos harán la representación de las cantidades y alimentarán al monstruo para ver el resultado.

Podemos hacer galletas con las letras del abecedario y formar palabras con ellas o galletas con palabras del vocabulario que estemos viendo en clase para que tengan que leerlas y dárselas de comer al monstruo.

Lo bueno de este juego es que podemos usarlo tanto en la asamblea como en las mesas en pequeños grupos. Una vez que han afianzado las reglas del juego practicando en la asamblea, podrá utilizarlo de forma autónoma en pequeños grupos.

LA CAJA MISTERIOSA

Con esta actividad promovemos la curiosidad y el espíritu de investigación, desarrollando el lenguaje y la capacidad para hacer preguntas. La podemos relacionar con la inteligencia lingüística.

¿En qué consiste?

En clase tenemos una caja y cada lunes habrá algo escondido en ella, puede ser un objeto o una tarjeta con la imagen. Durante la semana irán haciendo preguntas para intentar averiguar qué es lo que hay escondido. Esta actividad la relacionamos con el proyecto que estemos investigando. Realizaremos preguntas dicotómicas cuya respuesta será sí o no. Esta caja tiene también una apertura en un lateral por donde pueden introducir la mano para to-

car el objeto e intentar adivinar que es a través del tacto.

Preguntas que pueden hacer: ¿Está vivo?, ¿Se mueve?, ¿Es blando?, ¿Se puede guardar en un bolsillo?, ¿Es de un solo color? o ¿Se puede comprar en la tienda?

En tres años será recomendable que la actividad empiece y finalice el mismo día, ya que sus periodos de atención son breves y la capacidad para recordar algo es menor. Iremos guiando sus preguntas ayudándoles a formularlas.

En cuatro y cinco ya tendrán más capacidad de hacerlas por ellos mismos y podremos ir anotándolas en una pizarra o cartulina para que no se repitan a lo largo de la semana.

CAJA MISTERIOSA

RELACIONADAS CON EL PROYECTO DE TRABAJO

Podemos dedicar unos minutos de la asamblea a trabajar contenidos relacionados con el proyecto que estemos viendo en el trimestre. Estos son algunos ejemplos de actividades que podemos introducir. Yo recomiendo que sean actividades semanales y combinar una cada día:

1. Presentación de un objeto:

presenta un objeto o tarjeta de vocabulario relacionada con el tema del proyecto. Pide a los niños que lo describan, adivinen su función o discutan su importancia. Enseña el objeto o la tarjeta y deja que los niños lo exploren visualmente o lo manipulen. Luego, haz preguntas guiadas para fomentar la observación y el diálogo. Si el proyecto es sobre "Egipto", puedes mostrar una figura de una pirámide y preguntar sobre sus características, materiales de los que está hecha y forma.

2. Cuenta Cuentos Temático:

narra una historia que esté relacionada con el proyecto de trabajo. Incorpora elementos interactivos para mantener el interés de los niños. Usa libros ilustrados, marionetas o disfraces para contar la historia. Invita a los niños a participar haciendo sonidos o movimientos relacionados. Para un proyecto sobre "Los Piratas", cuenta la historia de un pirata que surca los mares y cada día podéis añadir un personaje, un lugar o una nueva aventura a este personaje, y pide a los niños que imiten los sonidos que vayan apareciendo en el cuento.

3. Canciones y rimas:

introduce canciones o rimas relacionadas con el tema del proyecto. La música ayuda a los niños a recordar conceptos clave de manera divertida. Crea una lista de canciones o inventa una nueva con una melodía conocida. Acompaña la música con gestos o instrumentos sencillos. Si el tema es "medios de transporte", canta una canción sobre diferentes vehículos y sus sonidos, pidiendo a los niños que los imiten.

4. Debate de preguntas y respuestas: organiza una sesión de preguntas y respuestas para discutir lo que han aprendido sobre el tema del proyecto. Podemos elaborar una batería de preguntas, partiendo de las ideas iniciales que surgieron al determinar que sabíamos cuando iniciamos el proyecto. Pregunta a los niños sobre lo que saben o lo que les gustaría aprender sobre el tema. Anima la participación haciendo preguntas abiertas. Durante un proyecto sobre "El lugar donde vivo", pregunta: "¿Cuál es tu monumento favorito y por qué?".

5. Mapa conceptual del proyecto: crea un mapa grande relacionado con el proyecto de trabajo, donde los niños puedan agregar información o elementos nuevos cada día. Dibuja un mural en papel grande y pégalo en la pared del aula. Cada día, durante la asamblea podemos añadir un nuevo elemento y relacionarlo con los demás, repasando los que ya tenemos. Para un proyecto sobre "La Prehistoria", dibuja una línea y escribe a lo largo de ella distintas categorías: modos de vida, vestimenta, vivienda... y permite que los niños coloquen imágenes correspondientes. Pueden añadir detalles como el alimento que comen o los animales.

Estas actividades durante la asamblea fomentan la participación, el aprendizaje activo y la cohesión del grupo. Ayudan a los niños a consolidar su conocimiento sobre el proyecto de trabajo y desarrollan habilidades sociales y de comunicación.

GESTIÓN DE EMOCIONES

La educación emocional favorece el bienestar socioafectivo de los niños y niñas, ayuda a entender y controlar sus emociones, porque debemos acompañar las emociones de nuestros alumnos para que aprendan a gestionarlas de una manera sana, de forma transversal. Promoviendo una gestión emocional adecuada, llamando a cada cosa por su nombre y entendiendo que no hay emociones buenas o malas, sino que todas son necesarias en un equilibrio. Como ya sabemos, la asamblea es un lugar de encuentro y convivencia, donde, entre otras cosas, resolvemos conflictos y dialogamos, poniendo en auge nuestros sentimientos, hablamos abiertamente de ellos para darles nombre y aprender a gestionarlos. Para favorecer esto, podemos apoyarnos en cuentos que ofrezcan a los niños las herramientas necesarias para poder entender qué les pasa. Algunos títulos que me gusta utilizar son:

◆ **El Monstruo de colores**

◆ **Tengo un volcán**

◆ **¡Vaya Rabieta!**

◆ **¡Fuera de aquí el horrible Monstruo Verde!**

◆ **Los miedos del Capitán Carcucias**

◆ **Así es mi corazón**

◆ **Yo mataré monstruos por ti**

Además del recurso de la literatura infantil, en clase tenemos un espejo que ayuda a identificar la expresión facial que se dibuja en las emociones y con el que podemos imitarla. También tenemos un dado con caras que lanzamos y podemos jugar a nombrar situaciones que pueden despertar la emoción que salga.

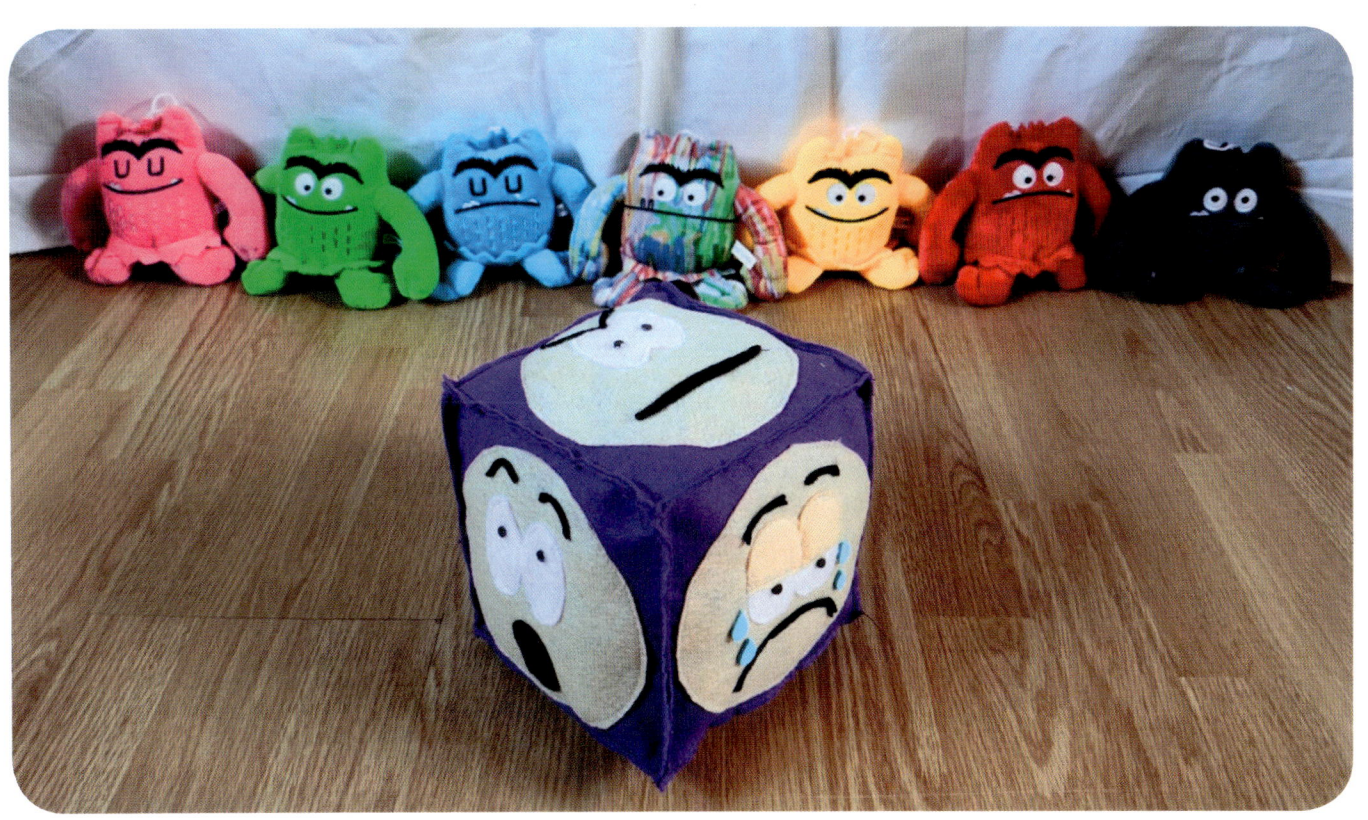

¿CÓMO ELIJO A LOS VOLUNTARIOS/AS DE LAS ACTIVIDADES?

De todas las actividades que se realizan en la asamblea, algunas tienen un encargado asignado que llevará a cabo su función durante una semana, pero otras se hacen con "voluntarios" y pongo voluntarios entre comillas porque los elegimos al azar y para ello utilizo los palos de polo o depresores para elegir a los participantes de los juegos que hacemos en la asamblea, así aprenden a respetar su turno y evitamos que estén todo el tiempo diciendo yo. Los palos son todos iguales para que aprendan a distinguir los nombres y se inicien en la lectura global, no tienen foto y llevan escrito el nombre de cada compañero/a. Al elegir el palito podemos llamar al encargado que es el ayudante de la maestra y será quien saque el palo y lea el nombre. En el re-

cipiente donde están los palos hay un vaso de plástico dentro esto permite ir separando los palos que ya han salido de los que aún no les ha tocado.

Otro material que también utilizo para este fin son las tapas de toallitas. Por fuera le pongo el nombre. En tres años lo ponemos en mayúscula con la inicial en rojo y dentro pegamos la foto, es importante que todas las tapas sean iguales y del mismo color, para que no identifiquen por la forma o color y solo puedan fijarse en las letras para discriminar el nombre y al abrir la tapa podrán comprobar ellos solos si han acertado. Podemos usarlas para jugar, para elegir a los voluntarios, para pasar lista o colocarlas en el rincón de las letras para que jueguen con ellas cuando vayan a este rincón.

BIBLIOGRAFÍA

AGUILAR, B., CIUDAD, A., LÁINEZ, M.C. Y TOBARUELA, A. (2010): *Construir, jugar y compartir. Un enfoque constructivista de las matemáticas en educación infantil.* Jaén. Enfoques Educativos S.L.

BERDONNEAU, C. (2008): *Matemáticas activas 2-6 años.* Barcelona. Grao.

DE BONO, E. (2015): *El pensamiento creativo. El poder del pensamiento lateral para la creación de nuevas ideas.* Barcelona. Paidós.

FONS ESTEVE, M. (2015): *Leer y escribir para vivir. Alfabetización inicial y uso real de la lengua escrita en la escuela.* Barcelona. Grao.

GARCÍA, A. (2017): *Otra educación es posible.* Editorial Litera.

GARCÍA FIGUEROA, P. (2022): *Cree en ti para crear.* Plataforma Educa.

GUILLÉN, J.C. (2017): *Neuroeducación en el aula. De la teoría a la práctica.* CreateSpace Independent Publishing Platform.

IBÁÑEZ SANDÍN, C. (1992): *El proyecto de Educación infantil y su práctica en el aula.* Madrid. La Muralla.

LÓPEZ LÓPEZ, C. (2023): *Aprender lenguaje sin lápiz ni papel. Actividades divertidas para hacer en casa y en el cole.* Saralejandría Ediciones.

LÓPEZ, M. (2022): *¡Escúchalos!.* Barcelos. Paidós.

MORA, F. (2017): *Neuroeducación. Sólo se aprende aquello que se ama.* Madrid. Alianza Editorial.

MORENO GARCÍA, D. (2022): *Habilidades de pre-escritura.* Saralejandría Ediciones.

ROMERA, M. (2019): *La escuela que quiero.* Barcelona. Destino.

VEGA, S. (2002): *Ciencia 3-6. Laboratorio de ciencias en la escuela infantil.* Barcelona. Grao.

AGRADECIMIENTOS

Para finalizar este libro me gustaría expresar mi más profundo agradecimiento a todos los niños y niñas que han sido fuente de inspiración en la creación de este libro. Su curiosidad, creatividad y alegría me han motivado a trabajar cada día con pasión y dedicación.

Agradecer también a las familias de estos pequeños, por su confianza en mi trabajo y por apoyar el proceso educativo de sus hijos e hijas desde casa. Su colaboración es fundamental para el desarrollo integral de los niños, y agradezco su compromiso.

Dar las gracias a mi familia, en especial a Raúl y Paula, cuyo apoyo incondicional y comprensión han sido fundamentales para que pueda desempeñar mi labor educativa con amor y dedicación.

A mis compañeras y amigas en el campo de la educación infantil, agradecer su constante apoyo y sus ideas innovadoras. Su experiencia y conocimientos han enriquecido enormemente mi trabajo.

Y a ti, que tienes este libro entre las manos. Gracias por ser parte de este maravilloso viaje educativo. "Trabajando juntos, creamos un futuro prometedor para los niños del mañana."